BEI GRIN MACHT SICH
WISSEN BEZAHLT

- Wir veröffentlichen Ihre Hausarbeit,
  Bachelor- und Masterarbeit

- Ihr eigenes eBook und Buch -
  weltweit in allen wichtigen Shops

- Verdienen Sie an jedem Verkauf

Jetzt bei www.GRIN.com hochladen
und kostenlos publizieren

Bibliografische Information der Deutschen Nationalbibliothek:

Die Deutsche Bibliothek verzeichnet diese Publikation in der Deutschen National-
bibliografie; detaillierte bibliografische Daten sind im Internet über http://dnb.d-
nb.de/ abrufbar.

Impressum:

Copyright © 2003 GRIN Verlag
Druck und Bindung: Books on Demand GmbH, Norderstedt Germany
ISBN: 9783640138333

Dieses Buch bei GRIN:

https://www.grin.com/document/113190

Matthias Schmeißer

Die universelle Quantenturingmaschine

GRIN Verlag

GRIN - Your knowledge has value

Der GRIN Verlag publiziert seit 1998 wissenschaftliche Arbeiten von Studenten, Hochschullehrern und anderen Akademikern als eBook und gedrucktes Buch. Die Verlagswebsite www.grin.com ist die ideale Plattform zur Veröffentlichung von Hausarbeiten, Abschlussarbeiten, wissenschaftlichen Aufsätzen, Dissertationen und Fachbüchern.

Besuchen Sie uns im Internet:

http://www.grin.com/

http://www.facebook.com/grincom

http://www.twitter.com/grin_com

Die universelle Quanten-Turing-Maschine

Matthias Schmeißer

16.04.2003

Zusammenfassung

Im Jahr 1936 veröffentlichten Church und Turing ihre berühmte Church-Turing-Hypothese. Sie gilt als einer der Grundpfeiler der Berechenbarkeits- und Komplexitätstheorie, die in den vergangenen Jahrzehnten eine beachtliche Entwicklung vollzogen haben. Bis vor kurzem beschränkte man sich in der Forschung in erster Linie auf die klassischen, abstrahierten Prinzipien der Informationstheorie und schenkte der physikalischen Natur von Information weniger Beachtung. Erst in den letzten Jahren kam der Gedanke auf, auch quantenmechanische Phänomene bei der Konstruktion von Computern auszunutzen. Einer der Vorreiter auf diesem Gebiet ist David Deutsch [1], der bei seinem Versuch, die Church-Turing-Hypothese zu beweisen, als erster (Quanten-)Physik als Grundlage benutzte. Dabei stellte er fest, dass die klassische Komplexitätstheorie nicht ohne weiteres mit der (physikalischen) Realität vereinbar ist. Sie bedurfte einer Erweiterung. Die daraus entstandene Quantenkomplexitätstheorie setzt sich zum Ziel, eine weitgreifendere Definition von 'Komplexität' und 'Wissen' in einem physikalischem System zu geben. Dabei muß nicht zuletzt auch die Church-Turing-Hypothese erweitert und präzisiert werden. Auf dieser Grundlage ist es letztendlich möglich, eine universelle Quanten-Turing-Maschine zu konstruieren.

Im ersten Teil dieser Arbeit werde ich die Ideen von David Deutsch skizzieren und mich dann im zweiten Teil der Quantenturingmaschine (QTM) widmen, die im letzten Kapitel zu einer universellen Quantenturingmaschine ausgebaut werden soll.

1 Das Church-Turing Prinzip im physikalischen Kontext

Zum ersten Mal in seiner fast hundertjährigen Geschichte scheint das Fundament der Berechenbarkeitstheorie ins Wanken zu geraten. War diese Wissenschaft seit jeher eine Domäne der Informatiker, ist vor kurzem von Physikern ein neuer Denkansatz gekommen, der den Wissenschaftlern eine andere Sichtweise eröffnet. Man behauptete, dass klassische Computer keine sichere Basis für die Berechenbarkeitstheorie darstellen, weil sie höchstens eine wage

Annäherung an die Realität bieten könnten. Rechenprozesse, so die Annahme, seien nämlich nichts anderes als physikalische Prozesse. Dabei bildet die Quantentheorie die Grundlage aller physikalischer Vorgänge. Deshalb ist es sinnvoll, den Quantencomputer als Grundlage der Berechenbarkeitstheorie anzusehen.

Zuerst wollen wir uns aber dem klassischen Ansatz von Church (1936) und Tuing (1936) widmen. Man stellte schon früh fest, dass es nicht möglich ist, Maschinen zu konstruieren, deren Funktionsumfang beliebig mächtig ist, egal wieviele Ressourcen zur Verfügung stehen. Church und Turing leiteten daraus ab, dass diese Einschränkung weder vom technischen Fortschritt noch durch den menschlichen Ideenreichtum aufgehoben werden können, sondern universeller Natur sind. Dies kommt in der sog. „Church-Turing Hypothese" zum Ausdruck:

Every „function which would naturally be regarded as computable" can be computed by the universal Turing machine.

Hier wird der Sachverhalt in einer konventionellen, nicht-physischen Sichtweise beschrieben. Sie bedient sich der intuitiven Formulierung „naturally be regarded as computable", so dass sie im Vergleich zu physischen Prinzipien wie z.B. den Gesetzen der Thermodynamik eher undeutlich ist. D. Deutsch schlug deshalb vor, Turings Hypothese in einen physikalischen Kontext zu setzen, so dass sie den gleichen erkenntnistheoretischen Status erhält wie andere physikalische Prinzipien. Er geht davon aus, das der Ausdruck „functions which would naturally be regarded as computable" interpretiert werden kann als diejenigen Funktionen, die prinzipiell durch ein reales physikalisches System berechnet werden können. Um Mißinterpretationen des Begriffs „naturally" auszuschließen bedient er sich folgender Notation des Begriffs *perfekte Simulation: Eine Rechenmaschine $\mathcal{M}$ ist fähig ein physikalisches System $\mathcal{S}$ perfekt zu simulieren, wenn ein Programm $\pi(\mathcal{S})$ für $\mathcal{M}$ existiert, welches $\mathcal{M}$ rechnerisch äquivalent zu $\mathcal{S}$ erscheinen läßt.* Anders ausgedrückt verwandelt $\pi(\mathcal{S})$ $\mathcal{M}$ in eine „black box", die funktionell nicht von $\mathcal{S}$ unterscheidbar ist.

Deutsch formuliert auf dieser Grundlage sein *Church-Turing Prinzip*:

Every finitely realizable physical system can be perfectly simulated by a universal computing machine operating by finite means.

Diese Formulierung ist sowohl besser definiert als auch „physikalischer" als Turings Original. Der Ausdruck „finitely realizable physical system" muß jedes physikalische Objekt einbeziehen, auf dem Messungen vollzogen werden können. Dagegen muss die „universal computing machine" nur ein idealisiertes (aber theoretisch mögliches) endliches spezifizierbares Modell sein. Die Fokussierung auf die universelle Turing-Maschine, wie sie im Original zu finden ist, muss notwendigerweise ersetzt werden durch die allgemeinere Bedingung, dass die Maschine *mit endlichen Mitteln* („by finite means") arbeitet. Dieser Ausdruck kann axiomatisch definiert werden. Betrachtet man den Rechenprozeß einer Rechenmaschine $\mathcal{M}$ als eine Reihe von Schritten, deren Dauer eine untere Grenze (> 0) hat, dann arbeitet $\mathcal{M}$ mit endlichen Mitteln, wenn (i) in jedem Schritt nur ein endliches Subsystem von $\mathcal{M}$ in Bewegung ist, und (ii) die Bewegung nur von dem Zustand des endlichen Subsystems abhängt, und (iii) die Regel, welche die Bewegung beschreibt, im mathematischen Sinn endlich angegeben werden kann (z.b. als eine natürliche Zahl). Sowohl Turingmaschinen wie auch Quantencomputer genügen diesen Axiomen. Dennoch ist die Aussage des Church-Turing-Prinzips so stark, dass Turing Maschinen im klassischen Sinn ihr *nicht* genügen, da sie kein physikalisches System simulieren können. Es gibt nämlich nur abzählbar viele Möglichkeiten, einen endlichen Eingabezustand für eine Turingmaschine zu erzeugen. Dagegen gibt es in der (klassischen) Dynamik überabzählbar viele mögliche (Eingabe-)zustände. Der universelle Quantencomputer ist allerdings schon dazu in der Lage.

2 Quanten-Turing-Maschinen

2.1 Definition der QTM

Im Gegensatz zum stochastischen Computer können beim Quantencomputer die Amplituden einer linearen Superposition und die Matrixelemente des Zeitevolutionsoperator komplexe Zahlen sein und nicht nur reelle positive Zahlen. Die Wahrscheinlichkeit, in einer Superposition durch Messung eine bestimmte Konfiguration c zu erhalten, berechnet sich aus dem Quadrat des Amplitudenbetrags, $P_c = |\alpha_c|^2$, die c zugeordnet ist. Die euklidische Länge der linearen Superposition ist dabei immer 1. Das heißt, dass eine QTM immer so definiert sein muß, dass ihre Zeitevolution immer die euklidische Länge in allen Superpositionen beibehalten muß.

Nun folgt zuerst (zur Wiederholung) die Definition der klassischen deterministischen Turingmaschine:

Definition 2.1. *Eine deterministische Turingmaschine TM ist durch ein Tripel (Σ, Q, δ) definiert, wobei Σ ein endliches Alphabet mit einem festgelegtem blank-Symbol $\#$, Q eine endliche Menge von Zuständen mit festgelegtem Anfangszustand q_0 und Endzustand $q_f \neq q_0$, und δ die deterministische Überführungsfunktion*

$$\delta : Q \times \Sigma \to \Sigma \times Q \times \{L, R\}$$

ist[1]. Die TM besitzt ein in beide Richtungen unendliches Band aus Zellen,

---

[1]Manchmal wir die Menge $\{L, R\}$ noch um ein N, das soviel wie „keine Bewegung" bedeutet, erweitert. Wir betracheten diese Variante der TM jedoch nicht.

die mit $\mathbb{Z}$ indiziert sind. Außerdem gibt es einen Schreib/Lesekopf der sich entlang des Bandes bewegen kann. Eine Konfiguration c ist eine „Momentaufnahme" einer TM. Sie setzt sich zusammen aus dem Inhalt des Bandes, des aktuellen Zustands $q \in Q$ und dem Aufenthaltsorts des Schreib/Lesekopfes. Zu jeder Zeit darf nur eine endliche Anzahl von Zellen ein Nichtblank-Symbol haben. Eine Nachfolgekonfiguration c' wird durch die Anwendung von δ auf das aktuelle Bandsymbol und dem aktuellen Zustand erreicht. Man schreibt $c \rightarrow_M c'$ um auszudrücken, das c' in einem Schritt auf c folgt. Per Konvention legt man fest, dass die Startkonfiguration folgende Bedingungen erfüllen muss: Der Schreib-/Lesekopf ist in Zelle 0 (Startzelle), und die TM ist im Zustand q_0. Eine Startkonfiguration hat die Eingabe $x \in (\Sigma - \#)^*$, wobei x in die Zellen $0, 1, 2, \ldots$, geschrieben wird und alle anderen Zellen leer gelassen werden. Eine TM hält bei einer Eingabe x, wenn sie in endlicher Zeit in den Zustand q_f eintritt. Die dafür benötigten Schritte werden als Laufzeit für die Eingabe x bezeichnet. Falls eine TM hält, dann ist die Ausgabe der String $s \in \Sigma^*$, der auf dem Band vom am weitesten links liegendem Nichtblank bis zum am weitesten rechts liegenden Nichtblank reicht. Eine TM, die für alle Eingaben hält, berechnet demnach eine Funktion $(\Sigma - \#)^* \rightarrow \Sigma^*$.

Als nächstes folgt die Definition der QTM nach Deutsch in leicht abgewandelter Form. Um die Überführungsamplituden effizient berechnen zu können, beschränkt man sie auf rationale Zahlen. Es wurde nachgewiesen, dass diese Einschränkung die Rechenstärke der QTM nicht einschränkt. Es wurde sogar gezeigt, dass die Amplitudenwerte $\{0, \pm\frac{3}{5}, \pm\frac{4}{5}, 1\}$ ausreichen um eine universelle QTM zu konstruieren.

Definition 2.2. *Sei $\tilde{\mathbb{C}}$ eine Menge von $\alpha_i \in \mathbb{C}$ für die es einen deterministischen Algorithmus gibt, der den realen und imaginären Teil von α_i bis auf einen Abstand von $\pm 2^{-n}$ in einer Zeit die polynomial zu n ist, berechnet. Eine QTM M ist ein Tripel (Σ, Q, δ), wobei Σ ein endliches Alphabet mit einem Blank-Symbol $\#$, Q eine endliche Menge von Zuständen mit einem festgelegtem Anfangszustand q_0 und einem festgelegtem Endzustand $q_f \neq 0$, und δ die Quanten-Überführungsfunktion*

$$\delta : Q \times \Sigma \rightarrow \tilde{\mathbb{C}}^{\Sigma \times Q \times \{L, R\}}$$

ist. Die TM besitzt ein in beide Richtungen unendliches Band aus Zellen, die mit $\mathbb{Z}$ indiziert sind. Wir definieren Konfigurationen, Startkonfigurationen und Endkonfigurationen genauso wie bei deterministischen TMs. Sei S der Vektorraum (mit innerem Produkt) der endlichen komplexen Linearkombinationen aller Konfigurationen von M mit der euklidischen Norm. Wir nennen jedes Element $\phi \in S$ eine Superposition von M. Die QTM M definiert einen linearen Operator $U_M : S \rightarrow S$, Zeitevolutionsoperator genannt, wie folgt: Wenn M am Anfang die Konfiguration c mit augenblicklichem Zustand p und gelesenem Symbol σ ist, dann wird sich M nach einem Schritt in der Superposition $\psi = \sum_i \alpha_i c_i$ befinden, wobei jedes α_i einem Übergang $\delta(p, \sigma, \tau, q, d)$ zugeordnet wird und c_i die neue Konfiguration ist, die aus δ resultiert. Wenn man diese Abbildung auf ganz S ausweitet erhält man den linearen Zeitevolutionsoperator U_m.

S wird in dieser Definition durch eine Orthonormalbasis erzeugt, die sich aus den Konfigurationen der QTM zusammen setzt. Man kann deshalb jede Superposition $\psi \in S$ durch einen Vektor aus komplexen Zahlen beschreiben werden, die mit entsprechenden Konfigurationen indiziert sind. Der Zeitevolutionsoperator kann durch eine (abzählbar-dimensionale) quadratische Matrix repräsentiert werden, deren Reihen und Spalten man Konfigurationen der QTM zugeordnet und in der jedes Matrixelement a_{ij} der Amplitude entspricht, welche die Konfiguration c_i nach c_j überführt.

Die nächste Definition ist für die Einhaltung der quantenphysikalischen Gesetze von großer Wichtigkeit.

Definition 2.3. *Eine QTM wird als wohlgeformt bezeichnet, wenn ihr Zeitevolutionsoperator U_m die euklidische Länge bewahrt.*

Eine wohlgeformte QTM M muss also ein U_m besitzen, der für jede denkbare Superposition von M sicherstellt, dass die Summe der Wahrscheinlichkeiten $\sum_i |\alpha_i|^2$ aller Konfigurationen c_i immer 1 ist.
Als nächstes definieren wir Regeln zur Beobachtung von QTMs. Messungen werden dabei auf die *berechenbare Basis* von S beschränkt. Dies ist nötig, weil die Basis in der die Messung vollzogen werden soll effektiv zu berechnen sein muß.

Definition 2.4. *Wenn die QTM M in der Superposition $\psi = \sum_i \alpha_i c_i$ beobachtet oder gemessen wird, so erhält man das Ergebnis c_i mit c_i mit der Wahrscheinlichkeit $|\alpha_i|^2$. Die neue Superposition von M ist dann $\psi' = c_i$.*
Es ist auch möglich, partielle Messungen durchzuführen, beispielsweise nur über der ersten Zelle des Bandes. Wir nehmen an, dass in dieser ersten Zelle entweder eine 1 oder eine 0 steht. Weiterhin gehen wir von folgender Superposition aus: $\psi = \sum_i \alpha 0_i c 0_i + \sum_i \alpha 1_i c 1_i$. $c 0_i$ und $c 1_i$ sind jene Konfigurationen, die eine 0 bzw. 1 in der ersten Zelle stehen haben. Wenn man nun eine Messung über der ersten Zelle ausführt, ist die Wahrscheinlichkeit eine 0 zu messen $Pr[0] = \sum_i |\alpha 0_i|^2$. Falls nun eine 0 gemessen wurde ergibt sich eine neue Superposition $\psi' = \frac{1}{\sqrt{Pr[0]}} \sum_i \alpha 0_i c 0_i$. Der Teil der Superposition also, der mit dem gemessenen Ergebnis im Einklang steht, bleibt erhalten, wobei seine Amplitude wieder die euklidische Länge haben muss.

Im weiteren Verlauf beschränken wir uns beim Messen angehaltene QTMs und bezeichnen das Ergebnis als Ausgabe. Dies führt nicht zu einem Verlust von Berechnungsstärke, wie in [3] nachgewiesen wird. Allgemein können wir

5

sagen, dass eine Ausgabe einer QTM eine Stichprobe über einer Wahrscheinlichkeitsverteilung ist. Wir können zwei QTMs als funktionell äquivalent betrachten, wenn ihre Ausgabe-Verteilungen genügend nahe zusammenliegen. Als nächstes definieren wir, wann eine QTM eine andere simuliert.

Definition 2.5. *Eine QTM M' simuliert M mit einer Verlangsamung f und einer Genauigkeit ϵ, wenn folgendes gilt: Sei $\mathcal{D}$ die Wahrscheinlichkeitsverteilung der Amplituden der Superposition von M bei Eingabe x nach T Schritten. Sei $\mathcal{D}'$ die Wahrscheinlichkeitsverteilung der Amplituden der Superposition von M' bei Eingabe x nach f(T) Schritten. Dann sagt man, dass M von M' mit einer Genauigkeit ϵ simuliert wird, falls $|\mathcal{D} - \mathcal{D}'| \leq \epsilon$.*

Den Abschluß dieses Kapitels bildet ein wichtiger Satz, auf dessen Beweis wir jedoch verzichten werden[2].

Satz 2.6. *Eine QTM ist wohlgeformt, falls ihr Zeitevolutionsoperator unitär ist.*

Unitäre Zeitevolution ist eine der Grundbedingungen von quantenphysikalischen Systemen. Mit ihrer Hilfe lassen sich auch quantenphysikalische Eigenschaften wie Interferenz und Reversibilität erklären.

2.2 Konventionen für die Ein- und Ausgabe bei QTMs

Die Tatsache, dass sich der Zustand einer QTM bei einer Messung verändert, bringt einige Probleme mit sich. Wir haben uns nicht zuletzt deswegen darauf beschränkt, nur dann eine Messung durchzuführen, wenn die Maschine angehalten ist. Was dies genauer bedeutet klärt folgende Definition:

Definition 2.7. *Eine Endkonfiguration einer QTM ist eine Konfiguration mit dem Zustand q_f. Angenommen eine QTM M läuft mit der Eingabe x. So sagt man, dass M mit Laufzeit T hält, wenn zum Zeitpunkt T die aktuelle Superposition nur aus Endkonfigurationen besteht, und zu jedem früheren Zeitpunkt die Superposition keine Endkonfiguration enthält. Die Superposition von M zum Zeitpunkt T wird als Endsuperposition für die Eingabe x bezeichnet. Eine polynomiale-Zeit QTM ist eine wohlgeformte QTM, die für jede Eingabe x in polynomialer Zeit bezüglich der Länge von x hält.*

Wir bezeichnen außerdem den Bandinhalt der Endsuperposition von M als *Ausgabe*.
Weiterhin ist es eine gute Idee, während der Ausführung von M die aktuelle Position des Bandkopfes, sowie seiner Ausrichtung relativ zur Startzelle zu beachten. Dies sind wichtige Details, die festlegen, ob später verschiedene Pfade interferieren.
Um später eventuelle Schwierigkeiten (z.B. beim Verketten von QTMs) zu vermeiden, führen wir folgende Definition ein:

---

[2]Siehe [2] Kapitel 3.3

Definition 2.8. *Eine QTM nennen wir wohlverhaltend (engl. well behaved), wenn sie bei allen Eingabestrings in einer Endsuperposition hält, bei der sich der Bandkopf für jede Endkonfiguration in der gleichen Zelle befindet. Wenn diese Zelle immer die Startzelle ist, nennen wir sie stationär. Genauso nennen wir eine deterministische TM stationär, wenn sie bei allen Eingaben mit dem Bandkopf in der Startzelle hält.*

Unser Ziel ist es, komplexere QTMs durch Verkettung oder Iteration von simpleren QTMs zu konstruieren. Damit dies möglich ist, brauchen wir Überführungen in den Zustand q_0 einer Maschine. Das kann zu Problemen führen, falls es schon Überführungen nach q_0 gibt, weil dann die Maschine unter Umständen nicht mehr reversibel sein wird. Wir können allerdings ohne Schwierigkeiten Überführungen aus q_f hinaus definieren, ohne das Verhalten der QTM zu verändern. Wenn eine wohlgeformte QTM Überführungen aus q_f hinaus besitzt und diese immer zurück nach q_0 führen, so kann es keine weiteren Überführungen nach q_0 geben. Wenn wir nun eine solche Überführung aus q_f hinaus „umleiten", können wir ohne Probleme neue Überführungen (aus anderer Quelle) nach q_0 einfügen, ohne die Reversibilität der Maschine zu verletzen. Solche Maschinen bezeichnen wir als *normal.* Beachte, dass wohlverhaltende, normale QTMs *immer* halten, bevor eine Überführung aus q_f hinaus angewandt wird und somit auch keine zurück nach q_0 erfolgt. Ein Verändern dieser Überführungen verändert das Verhalten der QTM also nicht. Das Kopfverhalten bei der Überführung von q_f nach q_0 kann man willkürlich wählen; in unserem Fall führen wir einfach einen Schritt nach rechts aus:

Definition 2.9. *Eine QTM oder deterministische TM $M = (\Sigma, Q, \delta)$ ist in normaler Form, falls*

$$\forall \sigma \in \Sigma \quad \delta(q_f, \sigma) = |\sigma\rangle |q_0\rangle |R\rangle$$

Im nächsten Schritt definieren wir noch einen weiteren Spezialfall, nämlich *unidirektionale* QTMs. An sie stellen wir die Anforderung, dass das Eintreten in einen neuen Zustand immer mit einem Schritt des Bandkopfes in die gleiche Richtung erfolgt. Man kann zeigen, dass unidirektionale QTMs allgemeine QTMs effizient simulieren können. Das Konzept der unidirektionalen QTMs bietet eine große Hilfe beim Beschreiben von reversiblen Maschinen, beim Komplettieren von partiell beschriebenen Maschinen und schließlich auch beim Bau der universellen Quanten Turing Maschine.

Definition 2.10. *Eine QTM $M = (\Sigma, Q, \delta)$ wird als unidirektional bezeichnet, wenn jeder Zustand aus nur einer Richtung erreicht werden kann. Das bedeutet, dass für alle Überführungen $\delta(p_1, \sigma_1) = |\tau_1\rangle |q\rangle |d_1\rangle$ und $\delta(p_2, \sigma_2) = |\tau_2\rangle |q\rangle |d_2\rangle$ gilt, dass $d_1 = d_2$.*

Als letztes Hilfsmittel definieren wir uns noch die mehrspurige QTM bzw. deterministische TM, ein bekanntes, oft genutztes Werkzeug:

Definition 2.11. *Eine mehrspurige TM mit k Spuren ist eine TM, dessen Alphabet die Form $\Sigma_1 \times \Sigma_2 \times ... \times \Sigma_k$ hat. Jedes Σ_i besitzt außerdem das spezielle Blank-Symbol $\#$, so dass ein Blank in Σ $(\#, \#, ..., \#)$ entspricht. Als Eingabe wird jeder Spur ein String zugeordnet und optional seine Ausrichtung auf der Spur angegeben. Also startet eine mehrspurige TM mit der Eingabe $x_1; x_2; ...; x_3 \in \prod_{i=1}^{k}(\Sigma_i - \#)^*$ in der (Superposition, bestehend nur aus der) Anfangskonfiguration mit dem Wert x_i in der Startzelle der Spur $i \in 1...k$. Allgemeiner formuliert, wird für die Eingabe $x_1|y_1; x_2|y_2; ...; x_k|y_k$ mit $x_i, y_i \in \Sigma_i^*$, wobei $x_i y_i$ der nicht-leere Bereich in der Spur i darstellt, die Startzelle der Spur i mit dem ersten Symbol von y_i belegt. Die Eingabe $x_1; x_2; ...; x_k$, wobei $x_{l+1}; ...; x_k \in \epsilon$, wird abgekürzt mit $x_1; x_2; ...; x_l$.*

3 Programmieren einer QTM

Das klassische Vorgehen zum Erstellen von komplexen Programmen mit Schleifen und Verzweigungen ist das Hintereinanderstellen oder Einbetten von einzelnen Komponenten. Dies bereitet bei deterministischen Turingmaschinen keine größere Schwierigkeiten. Anders bei Quanten-Turingmaschinen. Die unitäre Zeitevolution von quantenphysikalischen Systemen bedingt, dass dieses System reversibel sein muß. Da die Notwendigkeit der Umkehrbarkeit bei der klassischen Konstruktion von deterministischen TMs nie ein Thema war, mussten völlig neue Konzepte entworfen werden. Die Konzepte, die in diesem Kapitel angesprochen werden, machen keinen Gebrauch von der quantenmechanischen Natur der QTMs und gelten deswegen genauso für deterministische reversible TMs. In der Tat kann man nachweisen, dass reversible TMs ein Spezialfall von QTMs sind (siehe [2]).

3.1 Reversible TMs

Definition 3.1. *Eine reversible TM ist eine deterministische TM, bei der jede Konfiguration höchstens einen Vorgänger hat.*

Satz 3.2. *Eine reversible TM ist auch eine wohlgeformte QTM.*

Beweisskizze. Die Überführungsfunktion δ einer deterministischen TM bildet eine aktuelle Konfiguration auf eine neue ab. Wenn man nun annimmt, dass diese neue Konfiguration einer Superposition mit der Amplitude 1 für die Konfiguration entspricht, kann man δ auch als Quantenüberführungsfunktion bezeichnen. Da jede Konfiguration wegen der Reversibilität höchstens einen Vorgänger besitzt, wird jede Superposition $\Sigma_i \alpha_i |c_i\rangle$ auf eine andere Superposition $\Sigma_i \alpha_i |c_i'\rangle$ abgebildet. Damit bleibt die euklidische Länge erhalten und die QTM ist wohlgeformt. $\square$

Das Timing ist bei QTMs für die Interferenzeigenschaft von entscheidender Wichtigkeit. Wenn man zwei Berechnungspfade interferieren lassen will,

8

dann müssen sie dieselbe Konfiguration zur selben Zeit erreichen. Deswegen müssen wir sicherstellen, dass jede in polynomialer Zeit berechenbare Funktion von einer reversiblen TM so berechnet wird, dass die Laufzeit nur von der Länge des Eingabestrings abhängt. Nur so können wir sicher sein, dass alle Berechnungspfade über Eingaben der gleichen Länge die gleiche Anzahl an Schritten benötigen. Folgender Satz soll dies präzissieren[3]:

Satz 3.3 (Synchronisationssatz). *Wenn eine Funktion f, die Strings nach Strings abbildet, in polynomialer Zeit berechnet, so dass die Länge von f(x) nur von der Länge von x abhängt, dann existiert eine polynomiale, stationäre, normale reversible TM, die bei Eingabe x, die Ausgabe (x;f(x)) produziert, und dessen Laufzeit nur von der Länge von x abhängt.*

Falls auch für die Umkehrfunktion f⁻¹ die gleichen Bedingungen gelten, kann eine äquivalente TM für eine Eingabe x, die Ausgabe f(x) produzieren, dessen Laufzeit ebenfalls nur von der Länge von x abhängt.

3.2 Programmierprimitiven

In diesem Abschnitt sollen kurz die wichtigsten Programmierprimitiven, wie Verzweigung, Umkehrung und Iteration erläutert werden. Mit ihrer Hilfe ist es möglich, komplexere TMs zu generieren. Zuerst jedoch nützliche Lemmas.

Lemma 3.4. *Seien M_1 und M_2 zwei normale QTMs (reversible TMs) über demselben Alphabet und mit einem Zustand von M_1 q. Dann existiert eine normale QTM M die sich genauso wie M_1 verhält, außer dass sie jedes mal, wenn sie in den Zustand q eintritt, stattdessen M_2 ausführt.*

Beweis. Seien $q_{1,0}, q_{2,0}, q_{1,f}, q_{2,f}$ Anfangs- und Endzustände von M_1 und M_2 und q ein Zustand von M_1.

Dann können wir die gewünschte Maschine folgendermaßen konstruieren: Als erstes nehmen wir die Vereinigung $M = (\Sigma, Q_1 \cup Q_2, \delta_1 \cup \delta_2)$ (ohne Beweis: M ist wohlgeformt) und wählen als Anfangszustand $q_{1,0}$ falls $q \neq q_{1,0}$, sonst $q_{2,0}$, und als Endzustand $q_{1,f}$ falls $q \neq q_{1,f}$, sonst $q_{2,f}$. Nun vertauschen wir die Überführungen, die in den Zustand q führen mit jenen, die in den Zustand $q_{2,0}$ führen. Nach dem gleichen Muster vertauschen wir die Überführungen aus q hinaus durch jene aus $q_{2,f}$ hinaus. Nun ersetzt man jede Überführung $\delta(p,\sigma) = |\tau\rangle|q\rangle|d\rangle$ durch $\delta(p,\sigma) = |\tau\rangle|q_{2,0}\rangle|d\rangle$ und jede Überführung $\delta(q,\sigma)$ durch $\delta(q_{2,f},\sigma)$. Die veränderte Maschine M bleibt wohl-geformt (ohne Beweis). □

Aus diesem Lemma kann man das so genannte dovetailing lemma ableiten. Es besagt, dass man aus zwei Maschinen eine dritte konstruieren kann, indem man beide seriell ausführt.

---

[3]Der Beweis findet sich in [1], Anhang B

Lemma 3.5 (dovetailing lemma). *Seien M_1 und M_2 zwei sich wohlverhaltende, normale QTMs (reversible TMs) mit gleichem Alphabet. Dann gibt es eine normale QTM M (reversible TM) welche die Berechnung von M_1 ausführt und anschließend M_2 ausführt.*

Beweisskizze. Die Konstruktion erfolgt wie im vorhergehenden Lemma beschrieben. M führt als erstes M_1 aus, bis die Endsuperposition von M_1 erreicht ist. Da M_1 wohlverhaltend ist, kann man diese als Startsuperposition von M_2 benutzen. □

Im nächsten Schritt kann man nun eine bedingte Verzweigung konstruieren: Eine mehrspurige „Verzweigungsmaschine" M soll eine von zwei Maschinen, M_1 oder M_2, auf ihrem ersten Band ausführen, abhängig vom Inhalt des zweiten Bandes. Nach Ausführung von M_1 bzw. M_2 muss die Maschine wieder vereinigt werden, da eine TM nur einen Endzustand q_f besitzen kann. Damit M reversibel ist, muss nach Beendigung der Verzweigung der ursprüngliche Inhalt auf das zweite Band zurückgeschrieben werden.

Lemma 3.6 (Verzweigungslemma). *Seinen M_1 und M_2 zwei sich wohlverhaltende, normale QTMs (reversible TMs) mit gleichem Alphabet. Dann gibt es eine sich wohlverhaltende, normale QTM (reversible TM) M. Falls ihr zweites Band leer ist, führt M M_1 auf dem ersten Band aus, und läßt das zweite leer. Falls in der Startzelle im zweiten Band von M eine 1 steht, so führt M auf dem ersten Band M_2 aus und schreibt die 1 anschließend in die aktuelle Zelle. In beiden Fällen benötigt M genau vier Schritte mehr als die jeweilige M_i.*

Beweisskizze. Wir betrachten eine sich wohlverhaltende normale QTM (reversible TM) BR mit Alphabet $\{1, \#\}$, Zustandsmenge $\{q_0, q_1, q_1', q_2, q_2', q_3, q_f\}$, und einer Überführungsfunktion, die wie folgt definiert ist:

	#	1
q_0	$\#, q_2', L$	$\#, q_1', L$
q_1'	$\#, q_1, R$	
q_2'	$\#, q_2, R$	
q_1	$1, q_3, L$	
q_2	$\#, q_3, L$	
q_3	$\#, q_f, R$	
q_f	$\#, q_0, R$	$1, q_0, R$

Wie man leicht erkennen kann, braucht BR zur Ausführung vier Schritte. Der Zustand q_1 wird erreicht, wenn in der Startzelle ein # steht und der Zustand q_2 wenn in der Startzelle eine 1 steht. Wenn wir nun BR auf dem zweiten Band von M ausführen, q_1 durch die Maschine M_1 und q_2 durch die Maschine M_2 ersetzen, und sie auf dem ersten Band ausführen, haben wir die gewünschte Maschine M. □

Als nächstes wollen wir aus einer unidirektionalen QTM oder reversiblen TM den rückwärts laufenden Gegenpart konstruieren. Dabei kann die (gewünschte) Interferenz zweier Berechnungspfade Probleme bereiten. Zwei Pfade werden nur dann interferieren, wenn sie zum gleichen Zeitpunkt Konfigurationen erreichen, die sich in keinster Weise unterscheiden. Wir müssen also gut aufpassen, dass wir ungewünschte Informationen löschen, die der korrekten Interferenz im Wege stehen. Deswegen kann es manchmal praktisch sein, Zwischenberechnungen wieder durch Rückgängigmachen zu löschen.

Da die Zeitevolution einer wohlgeformten QTM unitär ist, können wir die QTM umdrehen, indem wir das unitäre Inverse seiner Zeitevolution benutzen. Allerdings ist dies noch nicht ausreichend, da die Zeitevolution Symbole sowohl in Zellen links als auch rechts des Bandkopfes verändern könnte. Hier ist nun eine unidirektionale QTM gefragt. Diese hat die Eigenschaft, dass aus dem aktuellen Zustand erschlossen werden kann, aus welcher Richtung der Bandkopf kam. Dadurch können wir leicht reversierte Überführungen konstruieren.

Definition 3.7. *Seien M_1 und M_2 zwei QTMs mit gleichem Alphabet. Dann sagt man, dass die Maschine M_2 die Berechnung von M_1 umdreht, wenn man den Anfangszustand von M_1 dem Endzustand von M_2 und den Endzustand von M_1 den Anfangszustand von M_2 zuordnet und wenn für jede Eingabe x, bei der M_1 hält, folgendes gilt:*
Wenn c_x die Startkonfiguration und ϕ_x die Endsuperposition von M_1 für die Eingabe x sind, dann hält M_2 mit der Startsuperposition ϕ_x mit einer Endsuperposition die komplett aus der Konfiguration c_x besteht.

Lemma 3.8 (Umkehrlemma). *Sei M eine normale, reversible TM oder unidirektionale QTM. Dann existiert eine normale, reversible TM oder QTM M', die die Berechnung von M mit zwei zusätzlichen Zeitschritten umkehrt.*

Beweisskizze. Sei $M = (\Sigma, Q, \delta)$ eine normale, unidirektionale QTM mit Anfangszustand q_0 und Endzustand q_f und d_q die Richtung, in die der Bandkopf sich bewegen muß, um in den Zustand $q \in Q$ zu gelangen. Nun definieren wir eine Bijektion π auf der Menge der Konfigurationen von M wie folgt: Für eine Konfiguration c im Zustand q sei $\pi(c)$ die Konfiguration, die erreicht wird, wenn man den Bandkopf eine Zelle in Richtung $\bar{d}_q$ bewegt. (Die Gegenrichtung von d_q.) π ist unitär, wie man leicht nachprüfen kann.

Unsere neue QTM M' besitzt dasselbe Alphabet wie M und die gleiche Zustandsmenge Q, zusammen mit zwei neuen Zuständen q_0' und q_f'. Dann sind die folgenden drei Statements hinreichend um das Lemma zu beweisen:

1. Falls c eine Endkonfiguration von M ist und c' der Konfiguration c entspricht, nur dass q_f durch q_0' ersetzt wurde, dann bringt ein einzelner Schritt von M' die Superposition $|c'\rangle$ in die Superposition $\pi(|c\rangle)$.

11

2. Wenn ein einzelner Schritt von M die Superposition $|\phi_1\rangle$ in die Superposition $|\phi_2\rangle$ bringt, wobei $|\phi_2\rangle$ nicht durch eine Konfiguration mit Zustand q_0 erreicht werden kann, dann bringt ein einzelner Schritt von M' die Superposition $\pi(|\phi_2\rangle)$ in die Superposition $\pi(|\phi_1\rangle)$.

3. Wenn c eine Startkonfiguration von M ist und c' der Konfiguration c entspricht, nur dass q_0 durch q'_f ersetzt wurde, dann bringt ein einzelner Schritt von M' die Superposition $\pi(|c\rangle)$ in die Superposition $|c'\rangle$.

Zu diesem Zweck definieren wir die Überführungsfunktion δ' von M' nach folgendem Muster:

1. $\delta'(q'_0, \sigma) = |\sigma\rangle|q_f\rangle|\bar{d}_{qf}\rangle$.

2. Für jedes $q \in Q - q_0$ und jedes $\tau \in \Sigma$,
$\delta'(q, \tau) = \sum_{p, \sigma} \delta(p, \sigma, \tau, q, d_q)^* |\sigma\rangle|p\rangle|\bar{d}_p\rangle$.

3. $\delta'(q_0, \sigma) = |\sigma\rangle|q'_f\rangle|\bar{d}_{q0}\rangle$.

4. $\delta'(q'_f, \sigma) = |\sigma\rangle|q'_0\rangle|R\rangle$.

$\square$

Das Synchronisationslemma erlaubt es uns, eine QTM M in eine Schleife zu setzen, so dass sich diese Maschine beliebig oft wiederholt. Eine reversible Machine zu bauen, die sich unendlich oft wiederholt, ist trivial. Doch wenn wir die Anzahl der Wiederholungen beschränken wollen, müssen wir sehr vorsichtig einen reversiblen Eingang in die Schleife und einen reversiblen Ausgang aus der Schleife schaffen. Wie schon beim Verzweigungslemma wird man zuerst eine *reversible TM R* als Rahmen um M herum bauen, die die Schleife einleitet und kontrolliert. Dabei tauchen allerdings einige Schwierigkeiten auf. R wir nämlich, im Gegensatz zur Verzweigungskonstruktion, Ergebnisse von Zwischenrechnungen auf dem Band lassen, während M noch läuft. Wenn nun M nichtstationär ist, könnte sie den korrekten Ablauf von R stören. Selbst wenn wir eine stationäre QTM einfügen, könnte sie nach jedem Durchgang mit einer neuen Superpostition von Eingaben verschiedener Länge starten und deswegen wohl möglich nicht halten. Man kann deswegen keine allgemeine zuverlässige Aussage über das Verhalten von solchen Maschinen treffen.

Lemma 3.9 (Schleifen-Lemma). *Es existiert eine stationäre, normale, reversible TM M und eine Konstante c mit folgenden Eigenschaften: Für jeden positiven Integer k (binär geschrieben) läuft M in $O(k \log^c k)$ und hält dann mit unverändertem Band. Weiterhin hat M einen speziellen Zustand q^*, so dass für die Eingabe k, M den Zustand q^* genau k-mal durchläuft, jedes Mal mit seinem Bandkopf zurück in der Startzelle.*

Beweisskizze. Wie wir schon angemerkt haben, besteht die Schwierigkeit darin, eine Schleife mit reversiblen Ein- und Ausgang zu konstruieren. Dabei hilft uns das Synchronisationslemma, um eine dreispurige stationäre, normale, reversible TM $M_1 = (\Sigma, Q, \delta)$ mit Anfangszustand q_0 und Endzustand q_f zu bauen, die polynomial in $\log k$ ist und die für Eingabe $b; x; k$ folgende Ausgabe hat: Für $b \in \{0, 1\}$ wird $b'; x + 1; k$ ausgegeben, wobei $b' = \bar{b}$ falls $x = 0$ oder $k - 1$ ist (aber nicht beides), sonst ist $b' = b$. Wir konstruieren nun eine Maschine M_2, die eine Schleife auf M_1 folgendermaßen erzeugt. M_2 habe dabei neue Anfangs- und Endzustände q_a und q_z:

1. Wenn sie im Zustand q_a mit 0 auf der ersten Spur gestartet wird, dann erfolgt ein Schritt nach links und dann wieder nach rechts, die 0 wird zur 1 und der neue Zustand wird q_0.

2. Wenn sie im Zustand q_f ist und eine 0 auf der ersten Spur steht, dann erfolgt ein Schritt nach links und dann wieder nach rechts in den Zustand q_0.

3. Wenn sie im Zustand q_f ist und eine 1 auf der ersten Spur steht, dann erfolgt ein Schritt nach links und dann wieder nach rechts, die 1 wird zur 0 und M_2 hält.

Wir konstruieren nun die normale, reversible QTM M_2, die M_1 auf der zweiten Spur ausführt. M_2 hat dasselbe Alphabet wie M_1 und zusätzliche Zustände q_a, q_b, q_y, q_z. Die Überführungsfunktion von M_2 ist dieselbe wie die von M_1 für Zustände $Q - q_f$. Ansonsten hängt ihr Verhalten von der ersten Spur ab (und läßt die anderen unverändert). Sie hat dann folgendes Muster:

	#	0	1
q_a		$(1, q_b, L)$	
q_b	$(\#, q_0, R)$		
q_f		$(0, q_b, L)$	$(0, q_y, L)$
q_y	$(\#, q_z, R)$		
q_z	$(\#, q_a, R)$	$(0, q_a, R)$	$(1, q_a, R)$

$\square$

3.3   Konstruktion einer universellen QTM

Zum Schluß benutzen wir die bisherigen Erkenntnisse, um eine universelle QTM zu konstruieren. Eine universelle QTM zeichnet sich dadurch aus, dass sie auch die Berechnungen jeder beliebigen anderen QTM durchführen kann. Dies bedeutet, dass sie alle anderen QTMs simulieren kann. Notwendigerweise wird die universelle QTM mehrere Schritte für jeden Schritt der simulierten Maschine benötigen. Ein einzelner Schritt entspricht bekanntlich einer Abbildung der orthonormalen Basis auf eine neue orthonormale

Basis. Da ein einzelner Schritt der universellen QTM nur einen Teil der Basisvektoren auf das gewünschte Ziel abbilden kann, werden nicht immer alle Vektoren orthogonal aufeinander stehen und so eine solche partielle Transformation nicht unitär sein. Bei der Lösung des Problems hilft uns folgendes Lemma:

Lemma 3.10 (Unidirektionslemma). *Jede QTM M kann von einer unidirektionalen QTM M' mit einer Verlangsamung um den Faktor 5 simuliert werden. Falls M eine sich wohlverhaltende normale QTM ist, gilt dies auch für M'.*

Beweisskizze. Wir benutzen folgende fünf Schritte in M', um einen Schritt von M mit Zustandsänderung zu simulieren:

1. Gehe einen Schritt nach rechts:

$$\delta_0(p, \sigma) = |\sigma\rangle |p\rangle |R\rangle.$$

2. Ändere die Basis[4] der QTM von Q nach B und gehe nach links

$$\delta_1(p, \sigma) = \sum_{b \in B} \langle p|b\rangle |b\rangle |L\rangle.$$

3. Führe folgende Transition aus, die sich aus der Überführungsfunktion von M ergibt[5]:

$$\delta_3(v, \sigma, \tau, v', d) = \sum_{p,q} \langle v|p\rangle \langle q|v'\rangle \delta(p, \sigma, \tau, q, d).$$

4. Ändere die Basis zurück von B nach Q:

$$\delta_4(b, \sigma) = \sum_{p \in Q} \langle b|q\rangle |b\rangle |L\rangle.$$

5. Gehe einen Schritt nach rechts:

$$\delta_5(p, \sigma) = |\sigma\rangle |p\rangle |R\rangle.$$

□

Man kann zeigen, dass man zu jeder beliebigen unitären Transformation eine QTM finden kann, die sie mit beliebiger Genauigkeit umsetzt. Außerdem kann man zeigen, dass die Überführungsfunktion einer unidirektionalen

---

[4]Genauere Informationen zum Thema Basiswechsel findet man in [2], Kapitel 5

[5]Die Notation $\delta(p, \sigma, \tau, q, d)$ symbolisiert das Element in der Transitionsmatrix, das der Überführung $\delta(p, \sigma) = |\tau\rangle |q\rangle |d\rangle$ entspricht

QTM eine unitäre Transformation spezifiziert, die eine Superposition des aktuellen Zustands und der aktuellen Bandposition in eine neue Superposition überführt. Das bedeutet, dass eine unidirektionale QTM dadurch simuliert werden kann, indem man seine unitäre Transformation anwendet, und dann den simulierten Bandkopf (durch eine reversible deterministische Transformation T) entsprechend des neuen Zustands bewegt. Dieser Prozess wird wiederholt. Unsere universelle QTM soll also zuerst ihre Eingabe in eine unidirektionale QTM umformen, und dann diese neue QTM durch wiederholtes Anwenden dieser unitären Transformation und T simulieren.

Da wir alle QTMs mit nur einer Maschine simulieren wollen, müssen wir sie so bauen, dass jede beliebige QTM als Eingabe übergeben werden kann. Folgende Kodierungsmethode wollen wir dazu benutzen: Wir geben die Größe des Alphabets Σ an, wobei das erste Symbol das Blanksymbol $\#$ sein soll. Genauso können wir die Größe der Zustandsmenge Q angeben, wobei der erste Zustand der Startzustand sein soll. Die Überführungsfunktion δ kodieren wir durch Angabe der $2\ |(\Sigma)|^2\ |(Q)|^2$ Amplituden der Form $\delta(i_1, i_2, i_3, i_4, d)$. Falls wir unsere QTM so definiert haben, dass sie nur rationale Amplituden zuläßt, dann können wir den imaginären und realen Teil durch ein Integerpaar angeben. In unserem Fall haben wir die Amplituden aber auf die Menge $\tilde{\mathbb{C}}$ eingeschränkt, die nur Amplituden zuläßt, die bis auf eine 2^{-n}-Genauigkeit in polynomialer Zeit n berechnet werden können. Deswegen kodieren wir δ, indem wir den deterministischen Algorithmus angeben, der jede Amplitude in polynomialer Zeit n berechnet.

Da unsere universelle QTM nach jedem Schritt, den sie simuliert, ihren Bandkopf zurück in die Startzelle fährt, ist ihre Verlangsamung (mindestens) linear in T. Mit etwas mehr Überlegung ist es aber möglich, eine universelle QTM zu konstruieren, deren Verlangsamung nur polylogarithmisch in T ist. Nun folgt die Definition unserer universellen QTM $\mathcal{M}$:

Theorem 3.11. *Es gibt eine normale QTM $\mathcal{M}$, die für jedes $\epsilon > 0$ und jedes T jede wohlgeformte QTM M mit einer Genauigkeit ϵ für T Schritte simulieren kann. Ihre Verlangsamung ist polynomial in T und $\frac{1}{\epsilon}$.*

Beweis. Im ersten Schritt werden wir, wie oben beschrieben, eine unidirektionale QTM M' bauen, die M mit einer Verlangsamung um den Faktor 5 simuliert, und anschließend M' simulieren.

Zuerst werden wir uns mit der Simulation von M' beschäftigen. Sei also $M = (\Sigma, Q, \delta)$ eine unidirektionale QTM, die unsere universelle QTM $\mathcal{M}$ simulieren soll.

Um eine aktuelle Konfiguration von M auf $\mathcal{M}$ darzustellen, konstruieren wir sog. Superzellen auf einem reservierten Band von $\mathcal{M}$. Jede Superzelle repräsentiert dabei den Inhalt einer Zelle von M, sowie den aktuellen Zustand von M falls der Bandkopf der simulierten Maschine gerade auf dieser Zelle steht, sonst 0. Da wir nicht von vornherein wissen, wie groß das

Alphabeth Σ und die Zustandsmenge Q ist, brauchen wir $log|Q \times \Sigma|$ Einzelzellen um eine Superzelle, bestehend aus einem Integerpaar p, σ ($p \in 0...|Q|$, $\sigma \in 0...|\Sigma|$), darzustellen.

Da sich der Bandkopf von M höchstens T Schritte in der Zeit T von der Startzelle wegbewegen kann, brauchen wir nur Superzellen für die $2T + 1$ Zellen in der Mitte des Bandes von M. Die Enden werden mit Markern gekennzeichnet.

Wir wissen, dass wenn wir die Bandkopfbewegungen ignorieren, δ einer unitäre Transformation U der Dimension $d = |Q \times \Sigma|$ entspricht, die Superpositionen von aktuellen Zuständen und Bandsymbolen auf Superpositionen von neuen Zuständen und Symbolen abbildet. Deswegen können wir die Superpositionen der Simulationsspur updaten, indem wir zuerst U auf den aktuellen Zustand und das aktuelle Symbol anwenden, und dann den neuen Zustand in die Superzelle links oder rechts der aktuellen Superzelle schreiben, je nachdem aus welcher Richtung in diesen Zustand eingetreten werden kann.

Nun wollen wir unsere Vorüberlegungen in einer QTM *STEP*, die einen Schritt von M simulieren soll, realisieren. Neben der Simulationsspur mit der Startkonfiguration nimmt *STEP* als Eingabe die gewünschte Genauigkeit γ, eine Spezifikation von U und einen String $s \in \{0,1\}^{|Q|}$, der die Richtung angibt, aus der jeder Zustand aus M erreicht werden kann. Die Maschine *STEP* führt folgende vier Schritte aus:

1. Transferiere den aktuellen Zustand und das aktuelle Symbol p, σ in einen leeren Arbeitsplatz in der Nähe der Startzelle und setze einen speziellen Marker an ihre Stelle.

2. Wende U auf p, σ mit Genauigkeit δ an und transformiere p, σ in eine Superposition mit neuem Zustand und Symbol q, τ.

3. Mache Schritt 1 rückgängig: transferiere q, τ zurück in die markierte Superzelle und lösche den Inhalt des Arbeitsplatzes.

4. Transferiere die Zustandsspezifikation q nach links oder rechts, je nachdem ob das q-te Bit von s eine 0 oder 1 ist.

Mit Hilfe des Synchronisations-Theorem können wir aus Schritt 1, 3 und 4 eine stationäre normale QTM konstruieren, die polynomial in T (für eine gegebene M) ist. Die Ausführung von Schritt 2 ist polynomial in $|\Sigma|$, $|Q|$ und γ. Wir können die vier Schritte ohne Probleme mit dem Dovetailing-Lemma verknüpfen und erhalten so unsere QTM *STEP*.

Mithilfe des Schleifen-Lemmas und dem zusätzlichen Argument T können wir eine QTM *STEP'* konstruieren, die polynomial in T und $\frac{1}{\epsilon}$ ist, T Schritte von M mit der Genauigkeit ϵ simuliert und dann hält.

Nun können wir unsere universelle QTM $\mathcal{M}$ konstruieren, indem wir *STEP'* an eine QTM anhängen, die die nötigen Vorarbeiten leistet. Wie schon erwähnt, muss $\mathcal{M}$ auch nicht-unidirektionale QTMs simulieren. Also wird im ersten Schritt die unidirektionale QTM M' erzeugt. Neben den vom Nutzer übergebenen Eingaben x, der Schrittanzahl T und der Simulationsgenauigkeit ϵ werden noch folgende Eingaben für $STEP'$ berechnet:

1. Die passende $2T+1$ Superzellen-Repräsentation der Startkonfiguration von M' mit Eingabe x.

2. Die d-dimensionale Transformation U von M', wobei jeder Eintrag eine Genauigkeit[6] von $\frac{\epsilon}{40T(10\sqrt{d})^{d+2}}$ hat.

3. Der String s für die Richtungen von M'.

4. Die benötigte Anzahl an Schritten 5T und die gewünschte Genauigkeit $\gamma = \frac{\epsilon}{40T}$.

Man kann Nachweisen, das jede Eingabe in deterministischer Zeit polynomial in T, $\frac{1}{\epsilon}$ und der Länge der Eingabe berechnet werden kann. □

Literatur

[1] Deutsch, D., Quantum Theory, the Church-Turing principle and the universal quantum computer, in Proc. Roy. Soc. London Ser. A, 400 (1985)

[2] Bernstein, E.; Vazirani, U. 1997 Siam J. Comput. Vol.26, No.5

[3] Bernstein, E., Quantum Complexity Theory, Ph.D. dissertation, Univ. of California, Berkley, May 1997

---

[6]Näheres zum Thema Genauigkeit findet man in [2], Kapitel 6

BEI GRIN MACHT SICH IHR
WISSEN BEZAHLT

- Wir veröffentlichen Ihre Hausarbeit,
  Bachelor- und Masterarbeit

- Ihr eigenes eBook und Buch -
  weltweit in allen wichtigen Shops

- Verdienen Sie an jedem Verkauf

Jetzt bei www.GRIN.com hochladen
und kostenlos publizieren